AF285899

Wolfgang Bohl

Spritztour

Humor

Bei Risiken und Nebenwirkungen vernichten Sie bitte die Packungsbeilage und verjagen Sie Ihren Arzt oder Apotheker (der kann Ihnen dann auch nicht mehr helfen !).

Herstellung und Verlag:
Books on Demand GmbH, Norderstedt
ISBN 978-3-8391-5003-0

Inhalt:

Das Jubiläum

Is´ ja irre !

Dieser Tage ging ich ins Stammlokal,
da saß mein Freund Krause – ganz sentimental.
„Nanu", sagte ich, „was ist denn geschehen?
So hab´ ich Dich ja noch nie gesehen!"

„Ach", antwortet er mit tonloser Stimme,
„ich habe gekündigt, und das ist das Schlimme."
Ich war sehr erstaunt – und das mit Recht,
da ich wußte: seine Position war nicht schlecht.

Er begann zu erzählen, wieso und weswegen
und war bisweilen ziemlich verlegen,
denn was er mir zu berichten hatte
das haute mich doch glatt von der Matte:

Krauses Jubiläum war herangekommen.
25 Jahre ! Hatte sich fast übernommen !
Doch niemand hatte daran gedacht.
Niemand hatte ihm eine Freude gemacht !

Kein Händedruck, keine Gratulation,
kein Blumenstrauß und auch kein Diplom.
Das war für Krause ein harter Schlag !
Er hatte sich so gefreut auf den Tag !

Und ärgerte er sich auch noch und noch,
eine Freude gab es für ihn doch.
Die Sekretärin vom Chef – eine reizende Fee –
bat ihn mit nach Hause zu sich zum Tee.

Das war Balsam für Krauses seelige Schmerzen,
denn schon lange liebte er sie heimlich im Herzen.
Pünktlich und aufgeregt war er bei ihr.
Sie stand schon mit strahlendem Blick vor der Tür.

Sie führte ihn in ihren Salon
und gab ihm dann eine Instruktion.
Sie sagte: „Ich geh´ jetzt ins Nebengemach.
Nachher mach´ ich `Juhu`, dann kommen Sie nach.

Ich hab´ mir ´ne kleine Überraschung erdacht
und bin glücklich, wenn sie Ihnen Freude macht.
Nur werden einige Minuten vergeh´n
wegen der Vorbereitungen – Sie verstehen."

Sie zwinkerte ihm mit den Augen zu
und ein Handküßchen nahm Krause völlig die Ruh´!
Nun wartete er voller Seeligkeit.
Er wußte ja, bald ist es soweit.

Es ertönte das lang ersehnte „Juhu"
und Freund Krause stürzte auf die Türe zu.
Er riß sie auf und sprang hinein,
doch allzugleich erstarrte er zu Stein...

Das war ´ne Überraschung – ha, ha, ha,
der Chef und die ganze Belegschaft waren da !
In Abendgarderobe – elegant und fein
zur Jubiläumsfeier fand man sich ein.

Doch Krause war ein erledigter Mann:
Er hatte nur noch die Socken an...

Kinder, wie die Zeit vergeht...

...wer sich zuerst bewegt, hat verloren

Am Montag fängt die Woche an.
Am Montag ruht der brave Mann.
Dies taten unsere Ahnen schon.
Wir halten streng auf Tradition !

Am Dienstag hält man mit sich Rat
und sammelt Mut und Kraft zur Tat.
Bevor man anfängt – eins, zwei, drei –
Ist auch der Dienstag schon vorbei.

Am Mittwoch faßt man den Entschluß:
„Bestimmt: Es soll – es wird – es muß !"
Mag kommen, was da kommen mag !
(Ab morgen früh ist Donnerstag !)

Am Donnerstag faßt man den Plan:
Von heute an wird was getan !
Gesagt – getan, getan – gedacht –
Inzwischen ist es wieder Nacht...

Am Freitag geht von alters her
stets, was man anfängt, meistens quer.
Drum ruh´ Dich aus und sei belehrt:
Wer gar nichts macht, macht nichts verkehrt !

Am Samstag ist das Wochenend´
und trotzdem wird nicht ausgepennt.
Doch heut´ was machen lohnt sich nicht:
Die Ruhe ist des Bürgers Pflicht !

Am Sonntag möcht´ man so viel tun.
Am Sonntag muß man leider ruh´n !
Zur Arbeit ist es nie zu spät.
Kinder, wie die Zeit vergeht !!!

Informationsverlust

...oder "Stille Post" in Action

Firmen-Vorstand zum Fachdirektor:

„Morgen um 9 Uhr findet eine Sonnenfinsternis statt, also etwas, was man nicht alle Tage sehen kann. Lassen Sie die Belegschaft gleich im Arbeitsanzug auf dem Betriebsgelände erscheinen. Bei Beobachtung dieses seltsamen Ereignisses werde ich selbst die Erläuterungen geben. Falls es regnet, werden wir das nicht sehen können. Die Belegschaft begibt sich dann in den Speisesaal."

Fachdirektor zum Abteilungsleiter:

„Auf Anweisung des Firmen-Vorstands findet morgen um 9 Uhr eine Sonnenfinsternis statt. Wenn es regnet, werden wir das im Arbeitsanzug auf dem Betriebsgelände nicht gut sehen können. In diesem Falle führen wir das Verschwinden der Sonne im Speisesaal durch. Also etwas, was man nicht alle Tage sehen kann."

Abteilungsleiter zum Teamleiter:

„Auf Anweisung des Firmen-Vorstands wird morgen um 9 Uhr im Arbeitsanzug das Verschwinden der Sonne im Speiseraum durchgeführt. Der Firmen-Vorstand gibt Anweisung, ob es regnen soll oder nicht. Also etwas, was man nicht alle Tage sehen kann."

Teamleiter zu den Kollegen:

„Wenn es morgen im Speiseraum regnet, also etwas, was man nicht alle Tage sehen kann, verschwindet um 9 Uhr unser Firmen-Vorstand im Arbeitsanzug."

...und die Kollegen erzählen zu Hause:

„Ob Ihr´s glaubt oder nicht – morgen um 9 Uhr soll unser Firmen-Vorstand verschwinden. Schade, daß man das nicht alle Tage sehen kann!"

Reine Nervensache

…die Familienverhältnisse treiben Hugo
an den Rand des Wahnsinns…

Eines schönen Tages erschien Hugo unangemeldet bei einem Psychiater...

Nach gut zwei Stunden im Wartezimmer wurde er in den Therapieraum gebeten. Sofort sprudelte Hugo´s Mundwerk los:

„Herr Doktor! Meine Familienverhältnisse treiben mich an den Rand des Wahnsinns!
Also, ich bin mit einer Witwe verheiratet, die eine erwachsene Tochter hat.
Mein Vater – dieser Schwerenöter – verliebte sich in diese Tochter und heiratete sie.
Damit wurde mein Vater mein Schwiegersohn, und meine Stieftochter wurde meine Mutter, da sie ja jetzt mit meinem Vater verheiratet ist – Herr Doktor, Sie können mir folgen?"

Der Psychiater nickte wortlos mit dem Kopf, und Hugo fuhr aufgeregt fort:

„Vor nicht allzu langer Zeit schenkte mir meine Frau einen Sohn. Er wurde der Schwager meines Vaters und gleichzeitig mein Onkel, denn er ist ja der Bruder meiner Stiefmutter – comprende amigo?"

Und wieder nickte der Psychiater mit weit aufgerissenen Augen...

Hugo hielt es nicht mehr aus und sprang nun von seinem Sitz hoch.

„Also gut! Es geht weiter!
Die Frau meines Vaters – meine Stieftochter also – bekam auch einen Sohn, der als Sohn meines Vaters natürlich mein Bruder wurde und – zugleich mein Enkel, denn er ist ja auch der Sohn meiner Tochter.
Meine Frau wurde somit meine Großmutter, denn sie ist ja jetzt die Mutter meiner Mutter!
Na, Doktorchen, da verschlägt´s Ihnen die Sprache, hä???"

Der Psychiater erhob sich langsam vom Stuhl. Er war aschfahl im Gesicht...

Hugo begann, um den armen Mann herum zu hüpfen und kreischte:

„Ich bin also nicht nur der Mann meiner Frau, sondern zugleich ihr Enkel. Sie ist damit meine Großmutter! Und da der Mann meiner Großmutter mein Großvater ist,

BIN ICH MEIN EIGENER OPA !!!"

Ein dumpfes Poltern ertönte. Erschrocken sah sich Hugo um.

Der Psychiater hatte das Zeitliche gesegnet...

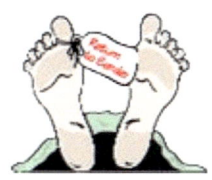

Stoßgebet einer Sekretärin

Geschehen noch Zeichen und Wunder?

Personen und Handlungen sind NICHT frei erfunden. Die Feststellung eventueller Ähnlichkeiten ist durchaus beabsichtigt.

An alle Götter dieser Erde !

Gebt mir das Gedächtnis eines Elefanten, oder zumindest ein unfehlbares Dreijahresgedächtnis.

Laßt das Wunder geschehen, daß ich alles zur selben Zeit tun kann: zum Beispiel vier Telefone gleichzeitig bedienen und dazu noch einen Brief schreiben, der „unbedingt noch heute ´raus muß !" – (obwohl ich weiß, daß er erst morgen unterschrieben wird.)

Stattet mich mit der Geduld eines Engels aus, wenn der Chef mich stundenlang eine Akte suchen läßt, die ich schließlich auf **seinem** Schreibtisch finde.

Vergeßt bitte, daß ich als Schulabschluß „mittlere Reife" angeben muß und füllt meine Gehirnwindungen mit dem Wissen eines Universitätsprofessors.

Helft mir, alles zu verstehen, auch wenn die Informationen manchmal unverständlich sind. Helft mir, alles richtig zu machen, auch wenn die Anweisungen offensichtlich falsch sind. Und – wenn ich schon abstürzen muß – zeigt mir bitte die Stelle, wo es mir dann am wenigsten weh tut!

Erleuchtet mich, sodaß ich allezeit weiß, wo der Chef ist, was er tut und wann er zurückkommt – auch wenn er verschwand, ohne ein Wort zu sagen.

Laßt mich am Jahresende ahnen, wenn ich „weisungsgemäß" alle „abgelaufenen" Akten vernichte, welches Stück davon der Alte in den nächsten Tagen „unter allen Umständen" haben „muß" („Besorgen Sie´s ! Wie – ist mir egal !")

Gebt mir Nerven wie Drahtseile, damit ich unerschüttert lächeln kann, wenn Ober- und Unterchefs und –chefinnen daran zerren.

Und belohnt die Chefs und Chefinnen, die bei solchem Gezerre nicht mitmachen, sondern wissen, daß eine Sekretärin auch „nur ein Mensch" ist – und danach handeln!

Stille Wasser sind tief... und pikant !

...ja, das ist so ´ne Sache mit der Unschuld...

In einem frommen Frauenkloster,
wo man liebt den Pater(noster),
da fügte es sich – wie in jedem Jahr –
mal wieder der Oberin Namenstag war.

Sie war so fromm, ein Vorbild der Nonnen,
drum hatten sich diese zusammen besonnen,
der lieben Dame zum Angedenken
ein schönes Bild zum Festtag zu schenken.

Man hatte im Laufe der Zeit entdeckt,
daß in Nonne Martha ein Mal-Talent steckt.
Und wirklich, sie konnte – ohne zu prahlen –
die herrlichsten Bilder in Farbe malen.

Sie malte dann – in aller Unschuld natürlich –
ein männliches Aktbild – recht figürlich.
Das Bild wurde dann der Oberin gebracht.
Die hat dann auch recht frei gedacht:

„Das ist ja prächtig, ihr lieben Kinder,
ich freue mich sehr, doch etwas ist minder!
Es scheint, daß unsere Künsterin indessen
an diesem Bild hat etwas vergessen!"

Sie erklärte: „Der liebe Gott hat für´s Leben
dem Manne ein Patengeschenk mitgegeben.
Das ihr das nicht wißt, verzeih´ ich Euch gern,
denn solche Unschuld gefällt unserem Herrn."

Die Nonne erbittet das Bild aus den Händen
der Oberin und sagt: „Ich will es vollenden!"
Sie nimmt das Bild und geht in den Hof...
(...was soll ich nur machen? Mein Gott – ist das doof!)

Als Martha nun über den Klosterhof geht,
wo grad´ der stämmige Milchmann steht,
der täglich, wenn´s Gebetsglöckchen schlägt,
zwei Kannen Vollmilch ins Kloster trägt –

zu diesem sagt die Nonne nun schnell:
„Ach, lieber Mann, steh´n Sie mir Modell!"
Der Mann hat sich auch nicht lange besonnen.
Was ist schon dabei – so unschuldige Nonnen!

Und Martha malt fix mit fiebrigen Wangen
naturgetreu nach, was am Milchmann gehangen.
Sie bringt das vollendete Meisterstück
dem Namenskind gleich wieder zurück.

Doch als die Oberin sieht das Bild,
da werden ihre Augen ganz groß und wild.
Ein Schrei ertönt, wie ihn gehört noch keiner:
„Um Himmels Willen – das ist ja dem Milchmann seiner !"

Johnnie Walker

...dieses verflixte Wort ohne "K"...

Ich hatte 18 Flaschen edlen „Johnnie Walker" in meinem Keller zu stehen.

Meine Frau befahl mir, den Inhalt jeder einzelnen Flasche ins Spülbecken zu gießen. Sonst könnte ich was erleben. Gehorsam sagte ich „Ja" und fing an.

Ich zog den Korken aus der ersten Flasche und goß den Inhalt ins Becken, mit Ausnahme eines Glases, das ich trank.

Dann extrahierte ich den Korken aus der zweiten Flasche und tat dasselbe, mit Ausnahme eines Glases, das ich trank.

Dann zog ich den Korken der dritten Flasche und goß den Whisky ins Becken, das ich trank.

Ich zog den Korken der vierten ins Becken und goß die Flasche ins Glas, das ich trank.

Jetzt zog ich die Flasche vom nächsten Korken, trank ein Becken draus und warf den Rest ins Glas.

Ich zog das Becken aus dem nächsten Glas und goß den Korken in die Flasche. Dann korkte ich das Becken mit dem Glas, flatschte den Trank und trinkte den Guß.

Als ich alles ausgeleert hatte, hielt ich das Haus mit der einen Hand fest, zählte die Gläser, Korken, Flaschen und Becken mit der anderen und stellte fest, daß es 39 waren.

Und als das Haus wieder vorbeikam, zählte ich sie nochmal und hatte dann endlich die Häuser in der Flasche, die ich trank.

Mann, ist das beknackt ... muß wohl ein fauliges Glas
erwischt haben ! Ich habe so ein fühlsames Gesehlt !

Aber ich kann jetzt endlich Marius Müller-Westernhagen
voll verstehen !

Spritztour

Nicht unbedingt zur Nachahmung empfohlen !

**Bei Risiken und Nebenwirkungen vernichten Sie bitte
die Packungsbeilage und verjagen Sie Ihren Arzt
oder Apotheker
(der kann Ihnen dann auch nicht mehr helfen !).**

Mit 10 Euro – heißt es – sind sie dabei !
Junge, das war vielleicht ein Geschrei !
Hab´ beim letzten Lottoknüller,
ein Auto gewonnen – welch ein Brüller !

Von Lampe bis Auspuff komplett ! Ein Gedicht !
Nur einen Führerschein – den hatten wir nicht !
Was macht da ein braver Familien-Fighter ?
Er geht zum Oberfahrschulleiter.

Jeden Abend von sechs bis acht
hat mich der Heini dann fertig gemacht.
Beinahe war ich einem Herzschlag erlegen.
(`ne Doktorarbeit ist gar nichts dagegen !)

Was tut man bei grün, was macht man bei rot ?
Was kostet 10 Euro ? Wann gibt`s Fahrverbot ?
Wieviel Promille haben 6 Bier ?
Wie lautet § 8, Absatz 2, Reihe 4 ?

Wie wird gekuppelt, gebremst und gesteuert ?
Warum sind die Fußgänger alle bescheuert ?
Wann fährt man zuerst, wann fährt man zuletzt ?
Warum mit Benzin und nicht mit Briketts ?

Die Fahrschule war verdammt kompliziert !
(...und ich wurde schließlich disqualifiziert.)
Als ich heimkam, da tobte meine Alte,
sodaß es durch´s ganze Haus dann schallte:

„Du lahmes Gestelle! Du Jammerhaufen!
Du kannst weiter nichts als fressen und saufen !
Was denkst du, wozu wir den Wagen gewonne' ?
Egal, was es gibt – morgen geht's in die Sonne !"

Meine Frau saß am Steuer ! Und ich Idiot
setzte mich daneben als Copilot !
Die Nachbarschaft hatte Lunte gerochen
und sich hinter die Gardinen verkrochen.

Mein Frauchen steckte mit frohem Sinn
den Zündschlüssel in das Zündloch rin !
Der Motor machte ein tolles Getose,
und mir klopfte das Herz bis in der Hose.

Doch was sie auch tat, es hatte keinen Zweck,
das Auto bewegte sich nicht vom Fleck.
Mein Frauchen meinte: „Das liegt am Getriebe,
steig' einmal aus und tue wat schiebe !"

Ich also ´raus und kräftig gedrückt !
Die Nachbarschaft jauchzte, so war sie beglückt.
Grad' hör ich Meier's offenbaren:
„Der Geizhals will wohl Kraftstoff sparen ?"

Da hat doch mein Frauchen ungehalten
plötzlich den 3. Gang eingeschalten,
Ein Sputnik-Start war gar nichts dagegen !
Ich hab gleich auf der Fresse gelegen !

Das Auto indessen kam aus dem Lot
und knallte auf`s Schild mit dem Halteverbot.
Ich liege noch da – bin ganz benommen,
da kommt mein Frauchen aus dem Auto geklommen.

Ich hörte sie toben – ganz übertrieben:
„So stark brauchst du aber nicht zu schieben !"
Ein Schutzmann kam und machte Geschrei...
...und mit 10 Euro war´n wir dabei !

Kaum war das Auto schön repariert,
da haben wir beide es wieder probiert.
Mein Frauchen hatte 'ne tolle Idee:
„Wir machen Picknick am Barleber See !"

`nen ganzen Eimer Kartoffelsalat
hielt sie als Proviant parat.
Den Sonnenschirm haben wir mitgenommen
und Insektenspray – falls die Ameisen kommen.

Dosen voll Würstchen für einige Wochen
und Spiritus, um sie auf dem Kocher zu kochen.
Klosettpapier für den Fall eines Falles,
2 Luftmatratzen und wat nich´ noch alles !

Es wollte uns leider nicht gelingen,
auch noch einen Fernseher unterzubringen.
Vollgestopft waren nun alle Ritzen.
Wir hatten kaum noch Platz zum Sitzen.

Diesmal hab ich den Steuermann gemacht.
Und beim ersten Mal hat's gleich gekracht.
Nach 2 Kilometer hatte ich bereits
den Eimer Kartoffelsalat im Kreuz.

Doch durfte mich das nicht irritieren !
Ich mußte mich ja auf den Verkehr konzentrieren.
Kupplung, 3. Gang – und Gas –
mein Frauchen schreit: "Meine Hos' ist naß !"

Die Fahrerei ist kein Genuß
hat man die Hos' voll Spiritus !
Ich sage: „Frauchen, die Hos' wechsel später,
wir haben ja nur noch ein paar Kilometer !"

Dann ging´s mit Volldampf den Berg hinauf.
Das Auto hat gekocht wie`n Erbsenauflauf.
Und hätte ich nicht gebremst wie verrückt,
hätt's uns glatt aus der Kurve gedrückt.

Dann war'n wir endlich am Ziel unserer Träume:
Saftige Wiesen und schattige Bäume...
Wir aßen Kartoffelsalat mit Wurst,
und als wir das hatten, bekamen wir Durst...

Alles hatten wir mitgebracht,
aber an sowas nicht gedacht.
Kein Wasser, kein Bier und keinen Kaffee...
Da hatte mein Frauchen 'ne tolle Idee !

„Da hinten steht doch 'ne Kuh – du Knilch –
schnapp' dir 'nen Eimer und zapf' von der Milch !"
(Hab` zwar keine Ahnung, wie man das macht,
doch was soll ich machen, wenn Frauchen das sagt.)

Ich schleich' mich also – so leise ich kann –
an die lebende Milchbar von hinten heran
und stelle den Eimer langsam und fein
dem Rindvieh zwischen die Hinterbein'.

Ich ergreife den Schwanz und pumpe wie toll,
und denke, jetzt ist der Eimer bald voll.
Doch mit der Milch wollt´ es nicht klappen,
es tut nur Spinat in den Eimer 'reinschwappen !

Ich denke „Nanu" und geh' in die Knie,
und beguck' mir von unten die Anatomie.
Und wie ich so gucke, da wurde mir klar,
daß diese Kuh ein Bulle war !

Der schaut mich an mit schiefem Blick,
ich denke – ALARM – jetzt nichts wie zurück !
Noch eh´ sich der Bulle so recht besonnen
hatte ich schon 10 Meter Vorsprung gewonnen.

Dann rief ich: „Mutter, steig ein und gib Gas
und rette mich vor diesem Aas !"
Mein Frauchen hatte das Spiel gesehen
und ließ bereits den Motor gehen.

Im letzten Moment – ihr glaubt es kaum –
sprang ich dann auf den Kofferraum.
Ab ging es wie die Feuerwehr –
der Ochsenschwanz kam hinterher !

Der dampfte fast wie eine Heizung...
dann kam das Schild „Gefährliche Kreuzung"...
Und genau auf der Kreuzung – es war abscheulich –
da stand doch schon wieder der Schutzmann von neulich !

Ich rief noch: „Bahn frei !" – doch er blieb auf der Bahn
(das hätte er besser nicht getan...).
Ein Salto Mortale, 'ne doppelte Schraube,
flach lag er dann auf der Motorhaube

und schaute nun mit trübem Sinn
durch die Windschutzscheibe in´s Auto rin.
Zerrissen die Jacke, in Fetzen die West',
hält er an den Scheibenwischern sich fest.

Er tobte vor Wut – war nicht zu beneiden.
Mein Frauchen schreit: „Der kann mich nicht leiden !"
So gut, wie sie war, so war ihr nicht bange:
Sie setzte die Scheibenwischer in Gange...

Mir war die Sache nicht mehr geheuer –
ein Tiger im Tank – ein Drache am Steuer –
von hinten der Stier, ein gefährlicher Typ,
und vorn auf der Haube sitzt ein Polyp !

Doch war das alles noch nicht genug:
Jetzt kam auch noch ein Wolkenbruch !
Man kann schon sagen, ich war in Bedrängnis,
doch naht schon von Ferne ein neues Verhängnis.

Genau in der Kurve – was mußt' ich erblicken –
da stand ein Baum, einer von den ganz Dicken !
Dieser Baum – ein Knall – es hat furchtbar gekracht –
(...dem Baumstamm hat es nichts ausgemacht.)

Im selben Moment, was soll ich euch sagen,
stürzt sich von hinten der Stier auf den Wagen !
Den Kopf nach unten – Schaum vor´m Gesicht –
er wollte noch bremsen, doch das klappte nicht.

Meine Frau und ich, wir haben gegafft –
Auto und Rindvieh im eigenen Saft !
Und oben im Baume, im grünen Revier,
da saß unser blinder Passagier !

„Im Namen des Volkes !" hörten wir ihn kreischen,
„holt mich sofort ´runter von de´ Eichen !"
Da rief meine Frau: "Du hast ja ´nen Rappel !
Das ist keine Eiche, das ist eine Pappel !"

Dann ertönte ein Schrei – wir hörten es krachen –
er fiel herunter mit 80 Sachen !
Knallt in die Trümmer (bestimmt 2 Zentner...) –
das Auto im Eimer – der Schutzmann ist Rentner.

Da kam ein Mann mit Speck im Nacken
und grinste breit über beide Backen.
Er stellte sich vor und sagte ganz flott:
„Mein Name ist Krause. Ich kauf´ Ihren Schrott."

Der Mann kam ganz gemächlich gelaufen,
besah sich den Schrott, den ganzen Haufen.
Dann sagte er fröhlich, frisch und frei:
„Glatte Rechnung, mit 10 Euro sind Sie dabei !"

Und die Moral von der Geschicht´:
Fahre nie ohne Taufpappe nicht !
Und ärgere die Bullen nicht auf der Wiese
(erst recht nicht den Schutzmann – da machste nur miese !)